Nicolas Gerrier

Le dernier tableau de Léonard

Illustrations de **Laura Scarpa**

Secrétariat d'édition : Cecilia Vignuzzi
Rédaction : Annalisa Martone
Conception graphique : Erika Barabino, Silvia Bassi,
Daniele Pagliari
Mise en page : Annalisa Possenti
Recherche iconographique : Alice Graziotin

Direction artistique : Carla Nadia Maestri

© 2020 Cideb
Première édition : Janvier 2020

DEALINK, DEAFLIX sont des marques concédées
sous licence par De Agostini SpA

Dans cette période de transition, l'éditeur a décidé de
respecter l'orthographe traditionnelle.

Crédits photographiques :
Shutterstock; iStockPhoto; New Picture Library S.r.l.: 43, 45, 57; Getty
Images: 46b; Bridgeman Images: 59; Photononstop/Alamy Stock
Photo: 68h; Hemis/Alamy Stock Photo: d; Bernard Annebicque/
Sygma/Getty Images: 69g.

Nous remercions le Chateau du Clos Lucé qui nous a mis aimablement
à disposition les photos des pages 44 et 68g.

Pour toute suggestion ou information, la rédaction peut
être contactée à l'adresse suivante :

info@blackcat-cideb.com
blackcat-cideb.com

Imprimé en Italie par Litoprint, Genova.

Sommaire

n. piste   LE TEXTE EST ENTIÈREMENT ENREGISTRÉ.

1 **Associe chaque mot à l'image correspondante.**

une pelouse   un clavier   un écran   un jeu de Scrabble
un bas   une toile   un chevalet   un trou   un pont tournant
un maillot de football   un stylo   une torche

1

2

3

4

5

6

7

8

9

10

11

12

2 **Choisis la bonne explication pour chaque expression. Utilise un dictionnaire si nécessaire.**

1. Avoir des idées anciennes.
   - **a** ☐ Penser comme les gens du passé.
   - **b** ☐ Dire la vérité.

2. Faire confiance à quelqu'un.
   - **a** ☐ Ne pas se sentir bien avec quelqu'un.
   - **b** ☐ Pouvoir tout dire à quelqu'un.

3. Se taper dans la main.
   - **a** ☐ Vouloir se battre.
   - **b** ☐ Être d'accord sur une chose.

4. Se lever d'un bond.
   - **a** ☐ Courir comme un kangourou.
   - **b** ☐ Se mettre debout rapidement.

5. Il est interdit de.
   - **a** ☐ Ne pas avoir le droit de.
   - **b** ☐ Avoir le droit de.

6. Faire un pique-nique.
   - **a** ☐ Faire une grande fête.
   - **b** ☐ Manger des choses simples, souvent dans la nature.

7. Avoir du mal à dormir.
   - **a** ☐ Ne pas réussir à dormir.
   - **b** ☐ Faire de très beaux rêves.

8. Avoir un choix à faire.
   - **a** ☐ Vouloir réussir au risque de tout perdre.
   - **b** ☐ Devoir choisir entre plusieurs possibilités.

9. Faire chic.
   - **a** ☐ Être élégant, à la mode.
   - **b** ☐ Gagner beaucoup d'argent.

10. Être au premier rang.
    - **a** ☐ Être devant pendant un évènement.
    - **b** ☐ Être derrière pendant un évènement.

Personnages

De gauche à droite : Lina, Maminou, Romain et Madame Louvet.

CHAPITRE 1

En vacances chez Maminou

piste 02

ina a quatorze ans. Elle habite en Martinique. C'est une ile française de l'océan Atlantique. Mais, en ce moment, ce sont les vacances d'été. Lina passe le mois de juillet chez sa grand-mère à Amboise. Cette ville est à deux-cent-vingt kilomètres au sud-ouest de Paris.

Il y a un célèbre château des rois de France. Mais Lina ne s'intéresse pas beaucoup à l'histoire. Elle préfère le sport. Elle joue dans un club de football.

Nous sommes le lundi 12 juillet. Il est 8h15 du matin. Lina et Maminou prennent le petit-déjeuner.

– Alors Maminou, on fait quoi cette semaine ?

Lina a peur de la réponse. Sa grand-mère dit toujours : « En vacances, il faut apprendre des choses ». Ensemble, elles visitent des vieux châteaux ou des musées. C'est souvent ennuyeux. Lina préfère un ballon et un terrain de foot ! Pour elle, pendant les vacances, on ne fait rien ou on joue au foot !

– Cette année, nous allons faire quelque chose de nouveau, dit Maminou.

« Super ! », se dit Lina.

– *TU* vas faire quelque chose de nouveau.

– Un stage de foot ?

– Mais, non, Lina… Le foot, c'est pour les garçons.

Maminou a des idées un peu anciennes sur les garçons et les filles.

– Tu vas découvrir la vie de Léonard de Vinci au château du Clos Lucé. C'est… *super*, comme tu dis. Non ?

Lina essaye[1] de sourire et dit :

– Super…

– Tu sais qui est Léonard de Vinci, bien sûr ?

---

1. essayer : chercher à faire quelque chose.

Lina veut répondre : « C'est un joueur de l'équipe de foot d'Italie ». Mais Maminou n'aime pas ces blagues[2].

– Bien sûr, c'est le peintre de *La Joconde*.

– Très bien. J'ai une autre surprise : Romain vient avec toi.

– C'est qui ?

– Un garçon de ton âge. Il est très poli et très gentil. Et il est premier de sa classe. Sa maman va venir te chercher à 9h. Oh, il est 8h30, tu dois te dépêcher[3]. Ah, j'ai quelque chose pour toi.

Maminou donne un paquet à Lina. Lina est très contente. C'est peut-être le nouveau maillot de l'équipe de France de foot ! Lina embrasse sa grand-mère et ouvre le paquet. Maminou est cool en fait. Oh, non… C'est une robe jaune avec des fleurs de toutes les couleurs. Elle déteste les robes. Elle ne peut pas s'habiller comme ça !

---

2. une blague : une histoire ou des mots pour faire rire.
3. se dépêcher : faire vite.

– C'est très bien pour l'été, dit Maminou. Va vite t'habiller. Ils arrivent dans un quart d'heure.

Lina monte dans sa chambre : un vieux château, Léonard de Vinci, un premier de la classe, une robe… C'est quoi, ces vacances ?

Dix minutes plus tard, Lina retrouve Maminou dans la cuisine. Elle porte la nouvelle robe et des chaussures de sport.

– Superbe, ma chérie ! Mais… tu n'as pas d'autres chaussures ?

À ce moment-là, Romain et sa mère sonnent à la porte. Lina va ouvrir.

– Bonjour Lina, dit la maman de Romain. Ta grand-mère me parle souvent de toi. Ta robe est magnifique. N'est-ce pas, Romain ?

Le garçon ne répond pas. Il dit « Salut » et va attendre dans la voiture. Sa mère dit à Lina :

– Il est un peu timide. Mais il est très gentil.

Lina dit au revoir à Maminou et monte dans la voiture. Sa grand-mère les appelle :

– Attendez ! Lina, ton sac à dos ! Tu l'oublies[4] comme d'habitude…

Dix minutes plus tard, ils arrivent devant le château du Clos Lucé.

– Je vous laisse là, les jeunes. Romain, tu connais le chemin. Amusez-vous bien.

---

4. **oublier :** laisser une chose quelque part parce qu'on ne pense pas à elle.

Les deux adolescents entrent dans le parc du château. C'est magnifique. Il y a une pelouse et de grands arbres. Lina dit à Romain :

– Tu peux m'attendre trois minutes ?

La jeune fille suit les flèches « Toilettes ». Elle sort ensuite des choses de son sac à dos, puis enlève sa robe et met un bermuda et un t-shirt. Elle se sent mieux. Elle retrouve Romain.

– La robe, c'est ma grand-mère…, dit Lina. Tu connais ce lieu ?

– Oui. Je viens pour la quatrième fois.

– On va faire quoi pendant la semaine ?

– Il y a des ateliers de peinture, sur la science, sur la nature, sur le dessin…

– Tu aimes ça ? demand Lina.

– Oui, c'est sympa. Mais je viens aussi pour… Je peux te faire confiance ?

– Bien sûr, répond Lina intriguée.

– Je viens car je veux découvrir le tunnel secret !

RÉFLEXION

1 **Comment se sent, selon toi, Lina avant d'aller au château ? Choisis parmi les mots ci-dessous.**

> *heureuse   triste   inquiète   joyeuse   impatiente   déçue*

2 **À ton avis, Romain est-il content ou mécontent d'aller au château avec Lina ? Justifie ta réponse.**

3 **À ton avis, que pense Lina après la dernière phrase de Romain ?**

a ☐ Un tunnel secret ? Cela devient intéressant.

b ☐ Il est fou ! Je ne vais pas chercher le tunnel avec lui.

c ☐ Je dois trouver un ballon de foot.

Après la lecture • page 50
Valeurs et sentiments • page 78

La porte ouverte

onjour, je m'appelle Magalie. Je suis heureuse de vous accueillir au Clos Lucé. Savez-vous quelque chose sur ce château ?

Magalie parle à un groupe de dix jeunes. Ils ont tous entre douze et quatorze ans. Romain lève le doigt :

– En 1516, le roi François 1er fait venir ici Léonard de Vinci. François 1er admire le génie italien. Léonard travaille au Clos Lucé pendant trois ans. Il meurt dans ce château le 2 mai 1519.

Lina est impressionnée par Romain. Magalie dit :

– C'est très bien. Allons visiter le château maintenant.

Le groupe va dans la chambre de Léonard de Vinci. Puis, il découvre sa bibliothèque et son atelier. Il descend ensuite dans le sous-sol. Il y a quatre pièces avec ses maquettes[1]. Ce sont des inventions de Léonard. Magalie montre un escalier en pierre :

– Savez-vous où va cet escalier ?

---

1. une maquette : une reproduction à échelle réduite d'une construction, un appareil, un décor ou un objet quelconque qui existe en grand.

– Vers un tunnel, répond Romain. Le tunnel va jusqu'au château d'Amboise. C'est à huit-cents mètres d'ici. François 1er le prend pour venir voir Léonard en secret.

– Extra² ! dit un garçon. On peut aller dans ce tunnel ?

– Malheureusement non, répond Magalie. Le tunnel n'existe plus. Vous voyez le grand dessin en bas ? Il représente Léonard. Il nous dit : « On ne passe pas ! ».

Romain dit tout bas à Lina :

– Tu es d'accord pour découvrir le tunnel avec moi ?

Lina lui tape dans les mains : c'est ok !

Le groupe va ensuite dans le jardin.

– Aujourd'hui le temps est beau, dit Magalie. Nous allons faire comme Léonard : observer et étudier les plantes.

Les jeunes s'assoient par terre. Ils écoutent les explications de Magalie. Lina s'ennuie³. Elle n'aime pas rester assise trop longtemps. Romain, lui, écoute avec attention. Il pose beaucoup de questions.

Vers midi trente, Magalie dit :

– Je vous propose de nous arrêter et de pique-niquer ensemble.

Lina se lève d'un bond :

– Super ! Qui a un ballon ? On fait un match de foot ?

– Il est interdit de marcher sur les pelouses. Désolée Lina.

---

2. extra (fam.) : qui est extraordinaire, excellent, superbe.
3. s'ennuyer : ne pas s'intéresser.

Lina est déçue[4]. Romain lui dit :

– N'oublie pas notre mission : trouver le tunnel ! Viens, je veux te montrer un truc avant de déjeuner.

Les deux adolescents retournent dans le sous-sol du château. Des visiteurs regardent les maquettes. Romain va vers l'escalier :

– On va chercher le tunnel ?

– C'est interdit, dit Lina.

– Pas pour les aventuriers !

Lina a un peu peur. Mais elle suit Romain. Ils passent derrière le dessin de Léonard. Il y a un grand couloir et cinq portes.

– C'est le tunnel secret ? demande Lina.

– Non. Le couloir se termine par un mur. L'entrée du tunnel est peut-être derrière une porte. Mais nous avons besoin d'un code[5]. Regarde !

Romain lui montre un clavier et un petit écran à gauche d'une porte. Il tape des chiffres sur le clavier. Une petite lumière rouge s'allume. Comment trouver le bon code ?

Romain et Lina rejoignent[6] le groupe dans le jardin pour pique-niquer.

– Mon sac à dos ? dit Lina. Il est dans la pièce des maquettes. J'en ai besoin pour déjeuner.

– Tu l'oublies tout le temps, non ? dit Romain. Je t'accompagne.

– Je peux aller là-bas toute seule.

– On peut essayer un autre code comme ça...

Quand ils arrivent au sous-sol, Lina trouve

---

4. être déçu : être triste de ne pas faire quelque chose.
5. un code : un ensemble de lettres ou de chiffres secrets.
6. rejoindre : aller près d'une personne.

son sac près d'une maquette de pont⁷ en bois. Une femme entre dans la pièce et descend l'escalier. Ils attendent deux minutes, puis descendent à leur tour⁸. Une des portes est mal fermée ! Romain la pousse : elle s'ouvre !

– En avant ! dit Romain.

Lina ne sait pas. Elle a peur. Mais le garçon pousse déjà la porte. Ils entrent dans une petite pièce. Il y a une autre porte ouverte sur la gauche. Ils s'approchent⁹, deux personnes parlent dans la pièce à côté :

7. **un pont :** une construction qui permet de passer au-dessus de l'eau.
8. **à leur tour :** faire une action après quelqu'un d'autre.
9. **s'approcher :** arriver plus près d'un lieu ou d'une personne.

– Le tableau est prêt.

– Parfait. Demain est un grand jour pour l'histoire de la peinture.

– Pour nous aussi. Nous allons être riches ! Au fait, je change ce soir le code pour ouvrir les portes.

– Choisis un code très simple, s'il te plait.

– La naissance de Léonard, ses initiales [10] et sa mort. Tu es d'accord ?

Le nez de Lina la gratte. Elle va éternuer. Elle met sa main sur son nez et sa bouche. Mais, c'est trop tard :

– Atchoum !!!!

Les deux amis quittent la pièce et rejoignent le groupe dans le jardin le plus vite possible. Ils s'assoient avec les autres et sortent leur pique-nique. Au même moment, une femme sort du château. Elle regarde vers le groupe de jeunes, puis court vers la droite, ensuite vers la gauche et disparait dans le château.

– Ouf ! soupire Lina, soulagée [11].

---

10. ses initiales : la première lettre de son prénom et de son nom.
11. soulagé : relaxé après une forte émotion.

RÉFLEXION

1 **Comment trouves-tu Romain quand il entre dans la pièce en bas de l'escalier ? Justifie ta réponse.**

> timide   courageux   inconscient   inquiet   aventurier   curieux

2 **Imagine-toi à la place de Lina quand Romain entre dans la pièce. Qu'est-ce que tu fais ? Justifie ta réponse.**

a ☐ Tu le suis.

b ☐ Tu lui interdis d'entrer.

c ☐ Tu le laisses tout seul.

Après la lecture • page 52
Valeurs et sentiments • page 78

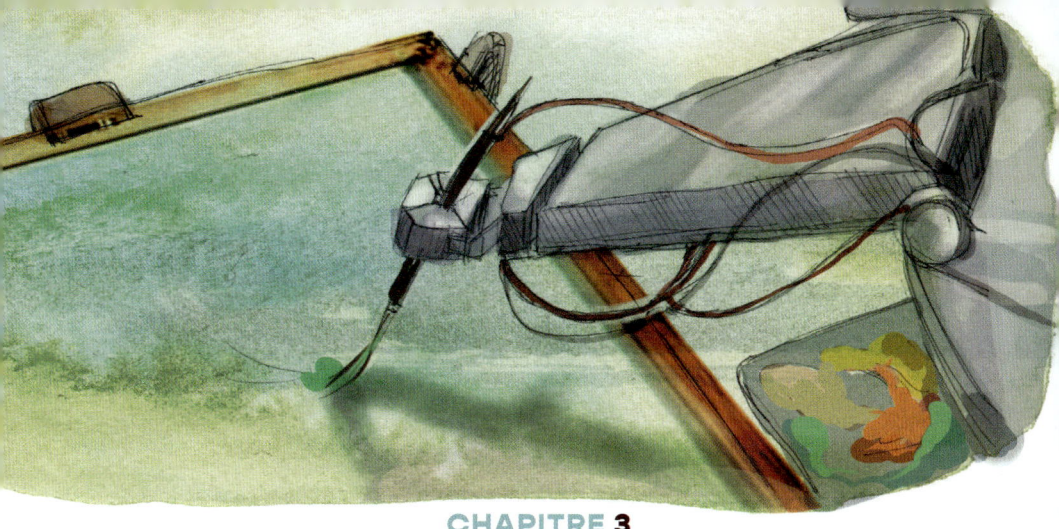

CHAPITRE 3

Un robot peintre

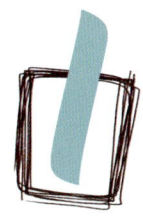

l est 20h. Lina dine avec Maminou. La grand-mère pose des questions sur la journée au château. Lina raconte. Mais elle ne parle pas du tunnel secret de Romain. Tout d'un coup, son téléphone reçoit un message. C'est Romain. Elle veut le lire, mais Maminou dit :

– Ce n'est pas très poli de regarder son téléphone à table.

Après le diner, Maminou propose de faire un jeu.

– Tu connais le Scrabble ? C'est très bon pour apprendre l'orthographe.

– On peut jouer demain ? Je suis très fatiguée. Je préfère aller me coucher.

Lina embrasse sa grand-mère.

– Merci pour la semaine au Clos Lucé, c'est cool.

Maminou est contente. Son idée plait à sa petite-fille.

Lina va dans sa chambre. Elle regarde le message de Romain. C'est une photo d'un article de journal. Il y a la femme du Clos Lucé debout à côté d'un tableau. L'article dit : « Demain, 13 juillet, un événement exceptionnel au Clos Lucé : Madame Carla Louvet,

la grande spécialiste française de Léonard de Vinci, vend un tableau inconnu du peintre italien, son dernier tableau. Pour Madame Louvet, ce tableau est plus beau que *La Joconde* ! ».

Lina répond :

> C'est la femme de cet après-midi !

> Tu veux voir le tableau avant tout le monde ? On entre 2m1[1] dans la pièce ?

> Pourquoi pas ce soir ? RDV[2] à 23h devant chez moi.

Deux heures plus tard, Lina ouvre doucement la porte de sa chambre. Il n'y a pas de bruit dans la maison. Maminou dort. Lina quitte la maison. Elle retrouve Romain dans la rue. Il a deux vélos. Ils roulent jusqu'à la rue du Clos Lucé et suivent ensuite le mur du parc.

– Stop, dit Romain. Le mur n'est pas haut ici. On va passer par-dessus.

---

1. **2m1 :** abréviation SMS pour « demain ».
2. **RDV :** abréviation SMS pour « rendez-vous ».

Lina sort de sa poche deux bas de Maminou. Ils les mettent sur leur visage. Ils ressemblent à deux voleurs[3].

En moins d'une minute, ils sont dans le parc. La nuit est magnifique. La lune éclaire[4] le chemin jusqu'au château. Un animal traverse la pelouse devant eux. Lina sursaute[5].

– Oh ! C'est quoi ? demande-t-elle.

Romain rit :

– C'est un petit écureuil. Il ne va pas te manger !

Ils s'approchent d'une petite porte à l'arrière du château. Romain dit tout bas : « Sa naissance, ses initiales et sa mort ». Il tape 1452LDV1519 : la porte s'ouvre !

– Tu es un génie ! s'exclame Lina.

Ils traversent plusieurs pièces et vont dans le sous-sol. Romain tape de nouveau le code sur le clavier de la porte en bas de l'escalier. Elle s'ouvre. Il y a deux cages en verre dans la grande pièce. À l'intérieur de la première, il y a un écran. Romain reconnaît des tableaux et des dessins de Léonard sur l'écran. À côté, un bras

---

3. un voleur : une personne qui prend ce qui n'est pas à elle.
4. éclairer : donner de la lumière.
5. sursauter : faire un brusque mouvement par peur ou par surprise.

de robot tient un pinceau. Il peint sur une toile.

– Il peint un nouveau tableau à partir des peintures de Léonard, dit Romain.

Dans la deuxième cage, il y a un tableau sur un chevalet.

– C'est le tableau du journal ! dit Lina. Le peintre est ce robot ?

– Peut-être. Dans ce cas, c'est une copie ! La vente de demain est la vente d'un faux Léonard de Vinci.

Lina prend des photos et une vidéo avec son téléphone. Puis, elle et Romain ressortent de la pièce et quittent le château.

– Mission réussie ! dit Romain.

Mais, depuis leur entrée dans le parc, des caméras filment leurs mouvements.

RÉFLEXION

1 Associe les actions de Lina et/ou Romain à leurs sentiments.

a	☐	Ils découvrent que le robot peint un tableau.	**1**	peur
b	☐	Romain tape le code et la porte s'ouvre !	**2**	surprise
c	☐	Un écureuil passe devant Lina dans le jardin.	**3**	fierté

2 Choisis le sentiment du personnage. Justifie tes réponses.

- Lina aime la semaine au Clos Lucé : Maminou est *heureuse / déçue*.
- Lina propose d'aller au château ce soir : elle est *peureuse / intrépide*.
- Lina dit : « Tu es un génie ». Elle est *enthousiaste / timide*.
- Romain dit : « Mission réussie ». Il est *inquiet / fier*.

Après la lecture • page 54
Valeurs et sentiments • page 78

CHAPITRE 4
La vidéo

ina a du mal à dormir. Elle pense au robot peintre et au faux tableau. Elle regarde les photos et la vidéo sur son téléphone. À qui peuvent-ils parler de cette histoire ? Entrer la nuit dans un château est interdit. Peuvent-ils aller en prison pour cela ? Il est très tard quand elle s'endort. Pendant le petit-déjeuner, elle veut dire quelque chose à Maminou, mais elle a peur de la réaction de la grand-mère. Alors, elle se tait[1].

Romain sonne chez Maminou à 9h. Maminou ouvre la porte.

– Bonjour Romain. Oh, tu es fatigué.

– Bonjour Madame. Non, tout va bien. Lina est prête ?

– Oui, répond Lina. On peut aller au château.

– Bonne journée, les jeunes. Amusez-vous bien.

Au Clos Lucé, Lina dit :

– Mon sac à dos ? Il est chez Maminou ! Je n'ai pas de pique-nique et pas de téléphone !

---

1. se taire : ne rien dire.

– Encore ! dit Romain. Tu es une vraie tête en l'air[2] !

Magalie accueille le groupe avec un grand sourire.

– Bonjour à tous ! Tout le monde va bien ? Aujourd'hui, nous allons passer une journée passionnante ! Vous allez découvrir les machines de Léonard. Vous allez apprendre comment elles fonctionnent. Qui connait le nom d'une machine ?

À ce moment-là, une femme s'approche de Magalie. Elle lui parle à l'oreille. Magalie dit :

– Madame Louvet veut montrer quelque chose à Lina et Romain. Vous allez avec elle ?

Madame Louvet les conduit dans une salle avec des écrans de télévision.

– Asseyez-vous, dit-elle d'une voix ferme.

Elle leur montre une vidéo de la nuit. On les voit dans le château. On les reconnait très bien. Romain dit :

– On cherche le tunnel entre le Clos Lucé et le château d'Amboise. C'est seulement un jeu !

– Donnez-moi vos téléphones.

Romain tend son téléphone.

– Mon téléphone est chez ma grand-mère, dit Lina.

Romain fait un signe à Lina : ils doivent se lever et courir vite dehors. Mais Lina ne peut pas bouger. Elle a trop peur.

– Le robot peintre, on s'en fiche[3], dit Lina. Ce n'est pas notre problème.

– Peut-être, mais vous, vous êtes mon problème maintenant.

---

2. une tête en l'air : une personne qui oublie des choses.
3. s'en ficher (fam.) : ne pas donner d'importance à quelque chose.

À ce moment-là, deux hommes s'approchent de Romain et Lina. Ils mettent un mouchoir humide sur leur visage. Les deux adolescents s'endorment rapidement.

– Mettez-les dans le débarras[4]. Je ne sais pas encore quoi faire avec eux. Toi, tu vas chercher le téléphone de la fille chez la grand-mère.

À 11h, un homme sonne à la porte de Maminou.

– Bonjour Monsieur. Que désirez-vous ?

– Salut, je travaille au Clos Lucé. La fille a besoin de son téléphone. Je peux l'avoir ?

Maminou n'aime pas ce jeune homme. Il n'est pas poli. Il parle

---

4. **un débarras :** une pièce de la maison avec des objets qu'on n'utilise pas souvent.

mal et il est mal habillé. Mais il insiste beaucoup et à la fin il réussit à obtenir le téléphone : Maminou le trouve sur la table de la cuisine.

– C'est son téléphone ?

– Oui, dit Maminou.

– Merci la vieille, bonne journée !

L'homme repart. Maminou s'assoit dans son canapé. Qu'est-ce que c'est que cette histoire ? Elle appelle au Clos Lucé et raconte son histoire. Après quelques instants, on lui passe une femme :

– Je suis vraiment désolée, Madame. Les jeunes ont besoin de leur téléphone pour les activités de la journée. Mais je ne comprends pas l'attitude de notre employé. Je vais parler avec lui.

Maminou la remercie. Cette femme est très gentille. Maminou est rassurée.

RÉFLEXION

1 Donne ton avis sur les questions suivantes.

- Pourquoi Lina n'arrive pas à dormir ?
- Lina ne parle pas du robot à Maminou : est-ce bien ?
- Pourquoi Lina ne veut pas s'enfuir ?

2 Trouve dans le chapitre un personnage qui...

- ... se pose des questions.
- ... donne des ordres.
- ... se défend.
- ... a peur.

Après la lecture • page 56
Valeurs et sentiments • page 78

CHAPITRE 5
La fuite

piste 06

Lina ouvre les yeux. Elle est dans une grande pièce avec une petite fenêtre. Elle essaye de bouger, mais elle ne peut pas. Il y a une corde autour de ses mains et ses pieds. Romain est à côté d'elle.

– Romain, réveille-toi ! ROMAIN !

– Hein, quoi ? Il faut aller en classe ? Il est quelle heure ? Lina ? Il faut aller à l'école ? Mais, nous sommes où ?

Puis, il se souvient[1] : Madame Louvet, la vidéo, le mouchoir sur la bouche…

– C'est horrible, dit-il. Que va faire cette femme avec nous ?

– Nous sommes au courant[2] du robot et du faux tableau… Elle va nous tuer !

Lina se met à pleurer.

– On va s'enfuir, dit Romain.

– Ah oui, et comment ?

---

1. **se souvenir :** penser à quelque chose qu'on connait déjà.
2. **être au courant :** savoir, être informé.

Il bouge dans tous les sens. Il n'arrive pas à défaire la corde. Il regarde autour de lui. Il y a beaucoup de vieilles choses dans la pièce : des cartons, des morceaux de bois, des appareils électriques, des morceaux de fer… Romain s'approche d'un morceau de fer et frotte[3] la corde dessus.

– Aide-moi, Lina.

Après dix minutes, ils réussissent ! Romain a les mains libres. Il fait la même chose avec la corde autour de ses pieds. Puis, il libère Lina.

Lina se précipite vers la porte. Elle est fermée. Elle tape dessus et crie.

– Arrête ! On ne doit pas faire de bruit pour s'enfuir.

Ils fouillent[4] dans les cartons. Romain trouve une torche. Elle fonctionne !

– C'est notre jour de chance.

Lina le regarde : un jour de chance ? Tu parles[5] !

– Regarde, dit Romain. Il y a une grande cheminée derrière ce meuble. Aide-moi. On va le pousser.

– Elle est immense cette cheminée, dit Lina. On peut rester dedans !

Le fond de la cheminée est en mauvais état. Romain remarque un dessin :

– Cela ressemble à une jambe.

– Il y a aussi un morceau de bras. Et là, il y a la main. Il faut peut-être faire un puzzle.

Les deux amis bougent les pierres.

– Je sais, dit Romain. C'est *L'Homme de Vitruve*, un dessin de Léonard !

---

3. frotter : appuyer une chose contre une autre.
4. fouiller : chercher avec attention.
5. tu parles ! : ici, « ce n'est pas vrai ».

– Ah oui, dit Lina, il est très célèbre ce dessin. Mais il faut encore tourner les pierres pour les mettre dans la bonne position.

Le dessin exact apparait.

CLAC !

Le bruit vient d'un côté de la cheminée. Un bloc de pierre bouge. Romain et Lina attrapent[6] les bords. Romain déplace[7] le bloc de pierre.

– C'est un passage ! dit Lina. Il y a quoi derrière ?

Romain éclaire avec la torche.

– Un tunnel !

– Qu'est-ce qu'on fait ? dit Lina. On entre dans le tunnel ? C'est peut-être dangereux.

– Ici aussi c'est dangereux. Vite !

Romain et Lina avancent dans le tunnel. Le pied du garçon tape dans un morceau de bois sur le sol. Le bloc de pierre bouge à nouveau. Le passage se ferme.

– Incroyable, dit Lina.

– Une vraie machine de… Léonard. Ce tunnel va peut-être du Clos Lucé au château royal d'Amboise. Nous sommes probablement dans le passage secret de François 1er et Léonard de Vinci !

---

6. attraper : prendre avec les mains.
7. déplacer : bouger d'une place à une autre.

RÉFLEXION

1 **Choisis le sentiment du personnage. Justifie tes réponses.**

- Romain dit : « On va s'enfuir ». Il est *sûr de lui / lâche*.
- Romain dit : « C'est notre jour de chance ». Il est *optimiste / pessimiste*.
- Lina dit : « Il faut peut-être faire un puzzle ». Elle est *inventive / sans idée*.
- Lina dit : « C'est peut-être dangereux ». Elle est *prudente / imprudente*.
- Romain dit : « Vite ! ». Il est *téméraire / prudent*.

2 **Romain éprouve-t-il les mêmes sentiments à son réveil et quand il est dans le tunnel ? Qu'est-ce qui change entre ces deux moments ?**

Après la lecture • page 58
Valeurs et sentiments • page 78

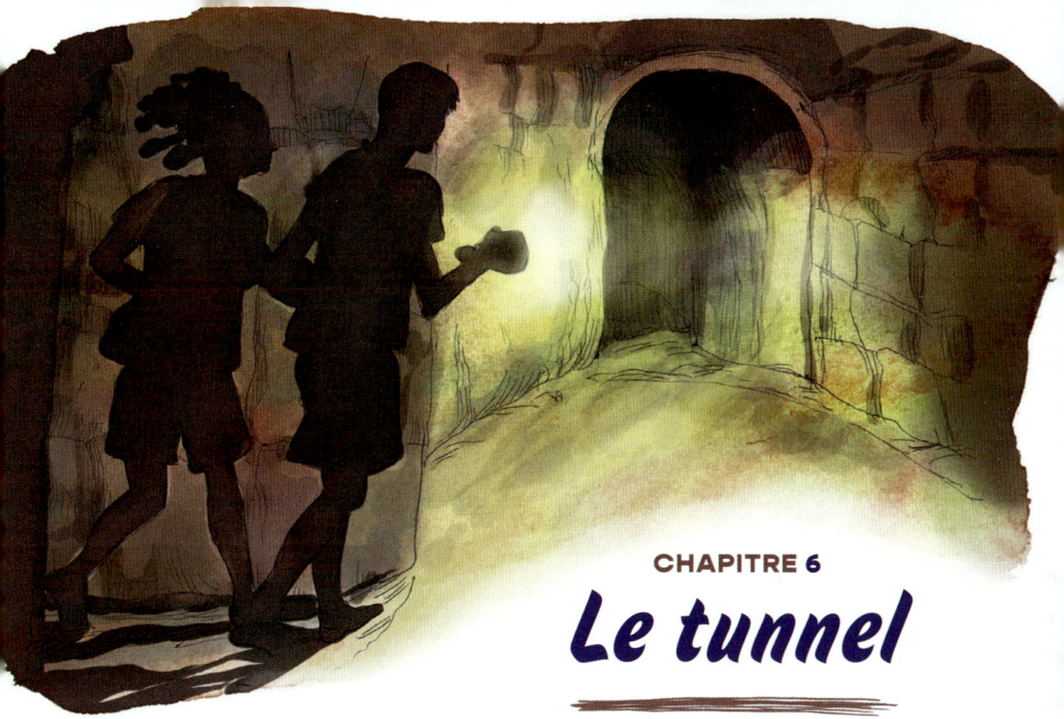

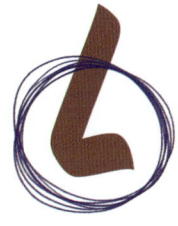

CHAPITRE 6

Le tunnel

piste 07

Lina et Romain marchent lentement dans le tunnel. Après dix minutes, ils ont un choix à faire : un tunnel part sur la droite, un autre part sur la gauche. Lequel prendre ? Ils avancent dans celui de droite. Romain est devant Lina. Tout d'un coup, la jeune fille attrape le bras du garçon.

– Stop ! Regarde devant toi !

Romain éclaire avec la torche. Il y a un grand trou. Il prend une petite pierre et la jette. Cinq secondes plus tard ils entendent : plouf !

– Merci Lina. Tu me sauves la vie. On va prendre le tunnel de gauche.

Trois minutes plus tard, Romain s'arrête.

– Ils veulent peut-être nous faire réfléchir, dit-il.

– Qui ?

– Léonard et François 1er.

Lina ne comprend pas. Romain retourne en arrière. Il prend le tunnel de droite. Il éclaire les murs avec la torche.

– Tu cherches quoi ? demande Lina.

– Léonard est l'inventeur des ponts tournants. Tu te souviens de la maquette dans le château ? Tiens, regarde !

Il gratte le mur et fait tomber trois pierres. Une manivelle[1] en bois apparait.

– Tournons la manivelle, dit-il.

Un morceau de bois sort du mur. Il se place au-dessus du trou.

---

1. **une manivelle :** deux tiges installées en croix.

– Et voilà, le pont est prêt ! C'est par là.

– Il faut marcher dessus ? C'est solide ?

– Bien sûr, c'est là depuis cinq-cents ans… Je passe en premier.

Romain avance très doucement. La planche craque[2]. Il fait un grand saut et arrive de l'autre côté du trou.

– À toi.

Lina met un pied sur la planche. Heureusement, elle ne voit pas le fond du trou. Romain l'encourage.

– Très bien Lina. Encore deux pas.

Lina respire très fort. Elle s'arrête. La planche craque encore.

– Courage, dit Romain. À trois : un, deux…

– Trois !

Lina court et se jette dans les bras de Romain. Ils tombent sur le sol. Derrière elle, la planche tombe dans le trou.

– Il faut changer la planche…, dit Romain.

Ils rient tous les deux ! Ils s'assoient sur le sol. Quelle heure est-il ? Depuis combien de temps ils marchent dans le tunnel ? Ils ne savent pas.

– Il faut continuer, dit Romain.

– Je suis contente d'être avec toi.

Romain sourit :

– Moi aussi.

Ils se prennent la main et se remettent à marcher. Romain est heureux. Il tient la main d'une fille pour la première fois.

Plus tard, la lumière de la torche devient faible.

– Les piles sont presque vides, dit Romain.

– Et si elle s'éteint[3], on fait comment ? demande Lina.

– Je… Oh, regarde !

Un grand mur de terre s'élève dix mètres devant eux.

---

2. craquer : se casser et faire un bruit sec.
3. s'éteindre : ne plus donner de lumière.

– C'est impossible de l'escalader, dit Lina. Sauf si on vole.

« Voler… » répète Romain plusieurs fois.

– Voler… c'est le rêve de Léonard.

Lina se souvient d'une machine de l'Italien avec un nom amusant. Elle ressemble aux ailes d'un oiseau. C'est l'ornitho…

– L'ornithoptère, dit Romain.

Ils cherchent autour d'eux, mais ne trouvent rien. Lina passe les mains sur le mur. La terre est molle. Elle s'enlève facilement. C'est un peu comme en Martinique quand elle s'amuse à creuser[4] le sable sur la plage. Romain l'aide. Ils creusent ensemble et, tout d'un coup, ils entendent un bruit. Romain attrape Lina et la pousse en arrière. Une grande quantité de sable tombe du mur. À la place, il y a un trou de trente centimètres de haut. Romain s'allonge et disparait dans le trou. Après vingt secondes, il crie :

– Tu peux venir. C'est extraordinaire.

Lina n'aime pas marcher sous la terre comme une fourmi. Mais elle doit le faire. Elle suit Romain. Elle arrive dans un grand puits[5]. Au milieu, il y a une machine de Léonard :

– Un hélicoptère ! dit-elle.

– Enfin… son ancêtre[6] : la *vis aérienne*[7] !

---

4. creuser : faire des trous.
5. un puits : un trou vertical dans le sol.
6. un ancêtre : ici, une chose qui existe avant une autre.
7. la *vis aérienne* : le nom d'une machine de Léonard de Vinci.

« Parfois, *Monsieur-je-sais-tout* est un peu énervant », se dit Lina.

– Je sais, dit-elle. Mais on ne peut pas voler avec ça.

– Essayons quand même !

Les deux adolescents s'installent sous la *vis aérienne*. Ils attrapent la manivelle en bois et la tournent. Après trois minutes, Romain dit :

– Stop ! Je suis fatigué.

– Tu ne fais pas assez de sport, dit Lina. Allez, encore un effort.

Ils tournent de nouveau. Soudain, la machine bouge, puis… elle quitte le sol.

– Nous volons ! disent les deux en même temps.

La *vis aérienne* s'élève le long du puits. Quatre minutes plus tard, elle s'arrête brusquement devant l'entrée d'un nouveau tunnel. Romain et Lina le suivent pendant cent mètres. Puis, ils arrivent dans une grande salle.

– Qu'est-ce que c'est que ça ? dit Lina.

RÉFLEXION

1 Trouve dans le texte des phrases qui expriment :

- la reconnaissance ;
- l'amitié ;
- le doute ;
- le soulagement ;
- l'encouragement.

2 Trouve les deux situations où :

- Lina est heureuse d'être avec Romain ;
- Romain énerve un peu Lina.

Après la lecture • page 60
Valeurs et sentiments • page 78

CHAPITRE 7

Un coup de stylo

L a salle est magnifique. Il y a de grandes armoires avec, à l'intérieur, des tableaux, des dessins et des manuscrits.

— Nous cherchons un tunnel secret et nous trouvons un trésor, dit Lina. C'est magnifique.

— Il n'est pas utile de faire travailler un robot ! Il y a cent tableaux de Léonard ici !

— Ils sont là depuis cinq-cents ans. Nous sommes sans doute les premiers à les voir.

Romain et Lina se prennent dans les bras. Ils sont fatigués et ils ont faim. Mais ils vivent un instant extraordinaire. Ils pleurent tous les deux.

— On doit continuer, dit Romain. Il faut sortir de ce tunnel.

Il y a une grande porte en bois sur un côté de la salle. Lina remarque quelque chose d'étrange sur la porte.

– Regarde ces huit lettres les unes à côté des autres. Oh ! On peut les faire tourner. On peut former des mots.

– Léonard aime jouer avec nous ! Il faut trouver le bon mot pour ouvrir la porte.

Lina et Romain essayent des mots : Italie, France, Léonard... Soudain, Romain a une idée :

– La Joconde ?

– D'accord, dit Lina. Mais en italien : *Gioconda*.

Lina place les bonnes lettres. Elle baisse ensuite la poignée de la porte : ça marche !

Derrière la porte, ils trouvent un grand escalier en pierre qui monte jusqu'à une porte en bois. Romain essaye de la soulever. Mais elle est très lourde.

– À trois, on pousse fort ensemble. Un, deux... trois !

PAF !

La porte s'ouvre. Ils sont dans une petite pièce avec une petite fenêtre. Dehors, c'est déjà la nuit. Lina ouvre la fenêtre. Ils se glissent dehors.

– C'est le parc du château d'Amboise ! dit Romain.

Un chien aboie et se précipite sur eux.

– Musclor, STOP ! crie une voix.

Le chien s'arrête aussitôt. Le chien est impressionnant. Il ouvre sa gueule et montre ses dents. Le maitre arrive. C'est un gardien du château.

– Qu'est-ce que vous faites là ? dit-il. Le château est fermé.

– On aime bien visiter les jardins la nuit, répond Romain. C'est amusant.

– C'est idiot et interdit, dit le gardien. Bon, je vous laisse partir. Mais vous ne faites plus ça. Je vous ouvre la porte sur la rue Léonard Perrault.

Lina et Romain suivent la rue Perrault vers le château du Clos Lucé. Des policiers contrôlent l'entrée principale.

– On entre comme la nuit dernière, dit Romain.

– Et ensuite, on fait quoi ?

– Je ne sais pas encore. Mais il faut arrêter la vente du tableau !

Pendant ce temps, à l'intérieur du château du Clos Lucé, on vend des oeuvres d'art depuis une heure et demie. Le grand moment arrive. Le commissaire-priseur[1] dit :

– Nous arrivons au clou[2] de la soirée : le tableau *Il Magnifico* de Leonardo da Vinci.

Il dit le nom du peintre en italien, cela fait chic. Trois hommes apportent le tableau et le placent devant le public. Les gens se lèvent et applaudissent. Madame Louvet est au premier rang.

– Nous commençons à cinquante millions d'euros. Qui dit plus ?

Il y a des gens avec des téléphones dans la main. Ils parlent avec des clients du monde entier. Ils lèvent la main. Trois personnes du public font aussi un signe. Les prix deviennent fous : soixante millions… soixante-dix… quatre-vingts, cent… deux-cents… trois-cents-cinquante…

– Le fameux tableau de Léonardo, le *Salvator Mundi*, vaut quatre-cents millions. Vous pouvez faire mieux !

La salle rit. À ce moment-là, une voix crie :

– C'est un faux !

C'est Lina ! Tout le monde la regarde. Qui est cette jeune fille ? Que veut-elle ?

– Ce n'est pas l'œuvre de Léonard. C'est la copie d'un robot !

Lina et Romain courent vers le tableau. Des policiers s'avancent vers eux. Lina a un stylo dans la main. Elle crie aux policiers :

– Ne bougez pas ou je transperce[3] le tableau.

Le public hurle. C'est une blague ? Le commissaire-priseur dit :

---

1. un commissaire-priseur : la personne qui s'occupe de la vente.
2. le clou : ici, le moment le plus important.
3. transpercer : traverser avec un objet pointu.

– Je demande aux policiers de ne rien faire. Et toi, mademoiselle, ne fais pas de bêtises. Pourquoi fais-tu cela ?

– Le tableau est faux !

– De très grands experts disent le contraire. Madame Louvet…

– C'est Madame Louvet qui fait peindre le robot !

Madame Louvet se lève et dit :

– Un faux ? Tu peux le déchirer[4] alors. Mais il vaut plus de trois-cents millions d'euros. Tu peux le rembourser[5] ?

Lina ne bouge pas. Elle regarde Romain. Est-ce bien le tableau peint par le robot ? Et si elle se trompe[6] ?

Madame Louvet tend la main vers Lina. Lina pense donner le stylo, puis elle change d'avis. Elle plante le stylo dans le tableau et déchire la toile en deux !

---

4. **déchirer :** séparer en plusieurs parties (on le dit par exemple d'une toile).
5. **rembourser :** donner de l'argent.
6. **se tromper :** faire une erreur.

RÉFLEXION

1 Choisis le sentiment du personnage. Justifie tes réponses.

- Romain et Lina pleurent. Ils sont *tristes / heureux*.
- Ils arrivent dans le parc du château d'Amboise. Ils sont *soulagés / déçus*.
- Lina crie : « C'est un faux ! ». Elle est *énervée / sûre d'elle*.
- Lina tient le stylo devant la toile. Elle est *calme / hésitante*.

2 À ton avis, dans quel moment du chapitre les deux jeunes sont le plus heureux ? Justifie ta réponse.

Après la lecture • page 62
Valeurs et sentiments • page 78

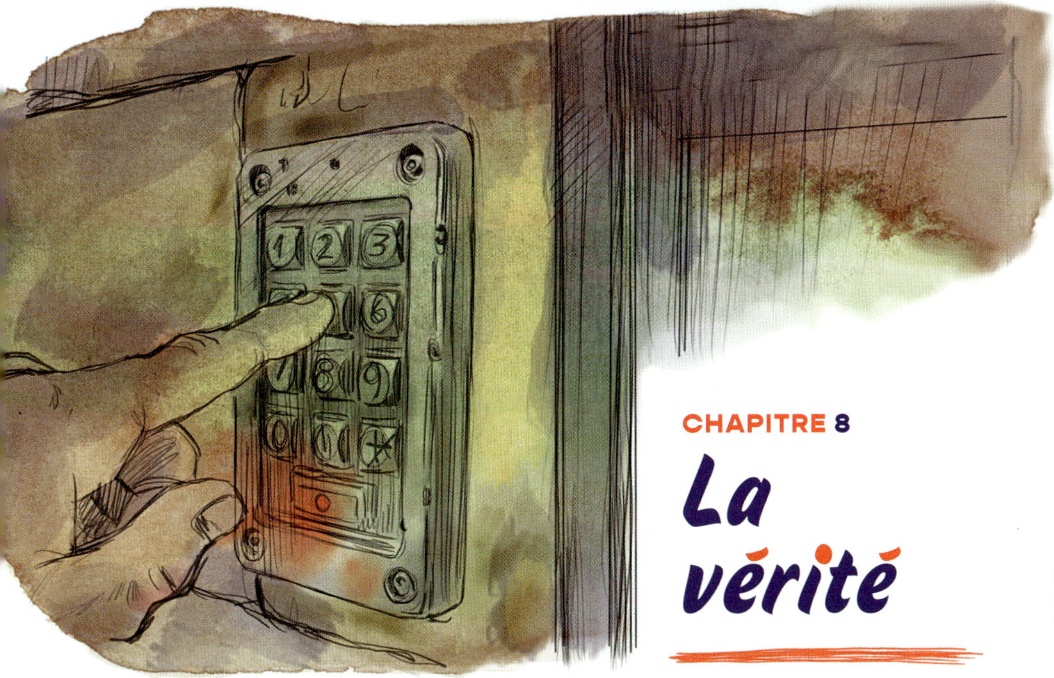

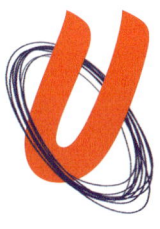

CHAPITRE 8

La vérité

piste 09

Une heure plus tard, le château est de nouveau calme. Un commissaire de police interroge Lina et Romain.

– Le robot est dans une salle du château, dit Lina. Il fait des copies des tableaux de Léonard de Vinci. Nous pouvons vous le montrer.

Le commissaire accompagne les deux adolescents avec trois policiers et Madame Louvet dans le sous-sol. Romain dit :

– Le code est 1452LDV1519.

Le policier tape le code, mais une lumière rouge s'allume. La porte reste fermée.

– Je ne comprends pas, dit Romain. C'est le code.

Le commissaire demande des explications à Madame Louvet.

– On n'utilise pas de code simple comme cela, dit Madame Louvet. Le code est JhT&/$B7K2#%.

Elle tape le code et la porte s'ouvre. Tout le monde pénètre dans la grande salle. Elle est vide ! Il n'y a plus de cages en verre, plus d'ordinateur, plus de robot !

– Vous avez un gros problème les jeunes, dit le commissaire.

À ce moment-là, ils entendent une voix de vieille dame :

– Laissez-moi passer ! C'est important. Je veux voir ma petite-fille !

– Que se passe-t-il ? demande le commissaire.

Maminou apparait. Lina se jette dans les bras de sa grand-mère.

– Maminou !

– Lina. Ma chérie, tu vas bien ?

Le commissaire demande à Maminou :

– Que faites-vous ici, Madame ?

Maminou raconte son histoire :

– Ce matin, un jeune homme très mal élevé¹ vient me voir à la maison. Il veut le téléphone de Lina. Mais je me trompe et lui

---

1. très mal élevé : qui n'est pas poli.

donne mon téléphone. Après, je trouve le sac à dos de ma petite-fille dans sa chambre. Elle l'oublie tout le temps ! Son téléphone est à l'intérieur. Je regarde un peu dedans. Désolée Lina… je suis indiscrète. Il y a une étrange vidéo. Je reconnais le tableau de la vente. Mais je ne comprends rien au robot qui peint. En fin d'après-midi, vers 18h, Lina n'est pas à la maison. Je m'inquiète. J'appelle le Clos Lucé. Mais personne ne sait où est ma petite-fille. J'appelle la police, mais on me répond : « C'est trop tôt pour s'inquiéter ». Ce soir, j'entends à la radio l'histoire du coup de stylo dans le tableau.

Lina dit :

– Maminou, tu es la plus formidable des grands-mères ! Tu as mon téléphone ?

– Le voilà.

Madame Louvet devient toute blanche. Elle va lentement vers l'escalier. Puis, elle se met à courir. Deux policiers l'arrêtent.

– Vous ne voulez pas voir la vidéo avec nous ? dit le commissaire.

Le commissaire regarde la vidéo et dit :

– Vous avez des choses à me raconter, Madame Louvet. Nous allons ensemble au commissariat.

Il se tourne ensuite vers Lina et Romain.

– Bravo les jeunes. Vous avez le droit de vous reposer ce soir après votre longue journée. On se voit demain.

À 23h, Lina et sa grand-mère sont de retour chez Maminou. Romain et sa mère sont là aussi. Les jeunes ont très faim. Maminou fait des crêpes. Les deux adolescents racontent leur découverte du tunnel secret entre le Clos Lucé et Amboise. Maminou et la mère de Romain se regardent : « Ces jeunes ont beaucoup d'imagination » se disent-elles.

– J'ai une idée pour la semaine prochaine, dit Maminou. Tu as besoin de faire du sport Lina. Tu es d'accord pour faire un stage de football ?

Lina saute au cou de sa grand-mère.

– Super !

– Je peux venir ? demande Romain.

– Tu aimes le foot ? dit Lina.

Le garçon se lève et tape dans sa serviette avec son pied :

– On peut être premier de la classe et jouer au foot !

RÉFLEXION

1 **Quels sentiments éprouvent Lina et Romain devant la pièce vide ? Choisis parmi les mots ci-dessous.**

surprise   jalousie   incompréhension   espoir   peur

2 **À ton avis, Lina est-elle contente de son aventure au Clos Lucé ? Justifie ta réponse.**

3 **Maminou propose à Lina de faire un stage de football. De quels sentiments fait preuve Maminou ?**

gentillesse   indifférence   compréhension   espoir

Après la lecture • page 64
Valeurs et sentiments • page 78

Léonard de Vinci au Clos Lucé

Léonard et François

Léonard de Vinci est né le 15 avril 1452 à Vinci, une petite ville de Toscane, près de Florence (Italie). C'est un très grand artiste de la Renaissance[1]. Ses peintures sont très célèbres (comme *La Cène* ou *La Joconde*). Mais il est aussi sculpteur, architecte, ingénieur, inventeur… Il s'intéresse à tout, il étudie tout, il veut tout connaitre et tout comprendre !

Le roi François 1er (1494-1547) est très intéressé par les idées nouvelles des arts et des sciences. Il admire le génie italien. En 1516, il invite Léonard de Vinci et son élève Francesco Melzi à Amboise, dans le centre de la France. Léonard de Vinci a alors soixante-quatre ans. Il traverse les Alpes sur un âne et arrive en France avec trois tableaux : *La Joconde*, *La Vierge, l'enfant Jésus et sainte Anne*, et *Saint Jean Baptiste*.

Le Clos Lucé

Léonard habite dans le château du Clos Lucé. Le roi lui dit : « Ici, Léonard, tu seras libre de rêver, de penser et de travailler ». Il devient

---

1. **la Renaissance :** période de grands progrès dans les arts et les sciences au XVIe siècle.

▶ Un des ateliers de Léonard au Clos Lucé.

le « Premier peintre, Ingénieur et Architecte du Roi ». François 1ᵉʳ le regarde souvent travailler et il a de longues conversations avec lui.

Les travaux de Léonard

En France, Léonard fabrique des machines pour les fêtes royales. Une machine, par exemple, montre le mouvement des étoiles et des planètes dans le ciel. Il travaille aussi sur des projets du roi

▶ La reproduction de la « vis aérienne », une machine de Léonard, située dans le jardin du Clos Lucé.

(le plan d'une ville nouvelle ou l'escalier du château de Chambord). Il étudie aussi les plantes et les arbres. Léonard écrit et dessine toutes ses idées dans ses carnets.

Léonard meurt le 2 mai 1519 dans sa chambre du Clos Lucé. Il est enterré dans une chapelle du château d'Amboise.

▶ Léonard de Vinci, vieux et gravement malade, meurt dans les bras de François Ier (par Cesare Mussini).

1 Dis si les affirmations suivantes sont vraies (V) ou fausses (F).

		V	F
1.	Léonard de Vinci est né au Clos Lucé.	☐	☐
2.	Léonard veut tout comprendre et connaitre.	☐	☐
3.	François Ier invite Léonard en France en 1516.	☐	☐
4.	Léonard arrive en France avec deux tableaux.	☐	☐
5.	François Ier parle beaucoup avec le peintre italien.	☐	☐
6.	Léonard fabrique des machines pour les fêtes du roi.	☐	☐
7.	Léonard ne s'intéresse pas à la nature.	☐	☐
8.	Léonard meurt en 1519 en Italie.	☐	☐

Vive les colonies de vacances !

En 1966, Pierre Perret chante *Les jolies colonies de vacances*. La chanson raconte en langage très familier les vacances d'un jeune garçon. Ce n'est pas triste ! Aujourd'hui, on dit « séjours » ou « stages » de vacances. Il y a beaucoup d'opportunités pour apprendre, découvrir, s'amuser ou aider pendant les vacances.

Les séjours sportifs ou artistiques

Les amateurs de football ou d'équitation, de théâtre ou de cirque choisissent ces vacances. Pendant une semaine ou plus, près de chez eux ou très loin, ils vivent à fond leur passion ! Le spectacle ou la compétition de fin de séjour est le grand moment des vacances.

Les séjours linguistiques

Où aller pour apprendre le français, l'allemand ou l'anglais ? En France, en Allemagne ou en Angleterre, bien sûr ! Là-bas, les adolescents vivent dans une famille d'accueil. Ils ont des cours de langue le matin et des visites l'après-midi.

Les séjours itinérants[1]

En groupe et avec un accompagnateur, les participants découvrent un pays ou une région. Ils visitent des monuments, découvrent la culture, rencontrent des habitants… Ils peuvent faire le chemin en car, en train, en vélos, en canoé…

Les séjours solidaires

Les jeunes qui veulent se rendre utiles aux autres pendant leurs vacances participent à des projets humanitaires. Ils aident les populations les plus pauvres, en France comme à l'étranger. Ils remettent en état[2] de vieux bâtiments, s'occupent d'enfants ou réalisent des actions de défense de la nature.

---

1. itinérant : qui ne reste pas au même endroit.
2. remettre en état : modifier pour rendre comme neuf.

Le scoutisme

Le scoutisme est un ensemble de mouvements religieux ou laïques[3] pour la jeunesse. Il apprend aux jeunes (entre 6 et 21 ans) des valeurs comme la solidarité, l'entraide[4] et le respect. L'été, les scouts partent en camps : ils dorment sous la tente, font des jeux dans la nature ou des projets d'aide humanitaires pour les plus grands.

---

3. laïque : sans rapport avec une religion.
4. l'entraide : l'action de s'entraider, c'est-à-dire aider quelqu'un et être aidé aussi.

---

1 Associe à chaque adolescent son séjour idéal.

> sportif   linguistique   itinérant   solidaire   avec les scouts

1. Sébastien : « Je veux dormir sous la tente et apprendre le respect et l'entraide ».

2. Hamina : « Mon rêve est d'aider les personnes les plus pauvres en France ».

3. Sophie : « J'aime visiter une région à vélo ! ».

4. Samir : « Cet été, je vais vivre un mois avec une famille en Angleterre ».

5. Fabio : « Le football est ma passion, je veux devenir un grand champion ».

Activités

1 Compréhension • Dis si les affirmations suivantes sont vraies (V) ou fausses (F). Corrige à l'oral les affirmations fausses.

		V	F
1.	Lina habite dans la ville d'Amboise.	☐	☐
2.	Lina est en vacances chez sa grand-mère.	☐	☐
3.	Maminou est le nom du chat de Lina.	☐	☐
4.	Maminou a un cadeau pour Lina : une robe !	☐	☐
5.	Maminou et Lina visitent ensemble le Clos Lucé.	☐	☐
6.	Romain est premier de sa classe.	☐	☐
7.	Au château Lina change ses habits.	☐	☐
8.	Romain veut découvrir un tableau de Léonard de Vinci.	☐	☐

2 Personnages • C'est qui ? Pour chacune affirmation écris le nom du personnage correspondant.

> La mère de Romain   Lina   Maminou   Romain

1. Elle aime le football et habite en Martinique : ....

2. Il va au Clos Lucé pour la quatrième fois : ....

3. Elle trouve que le foot est pour les garçons : ....

4. Elle accompagne Lina et Romain en voiture : ....

3 Lexique • Associe chaque image à la bonne occasion.

a ☐ C'est la tenue pour jouer au foot : maillot et chaussures de sport.

b ☐ Ce soir, c'est la fête : robe longue et chaussures chic.

c ☐ C'est l'été : vive le bermuda et le T-shirt.

d ☐ La tenue préférée de Maminou : robe à fleurs.

4 Lexique • **Complète les phrases et la grille de mots croisés avec les mots du chapitre, puis découvre l'adjectif mystère. Enfin réponds à la question.**

1. Lina passe ses .... chez sa grand-mère.

2. Le Clos Lucé est le nom d'un ....

3. Dans le .... du château il y a de grands arbres.

4. Maminou a une .... pour Lina : Romain va avec elle.

5. Lina et Romain vont au château en ....

6. Le sport préféré de Lina est le ....

Adjectif mystère : ....

À quel mot du chapitre se réfère l'adjectif ?

a ☐ Un château.   **b** ☐ Un tunnel.   **c** ☐ Un maillot.

5 Production orale • **Tu es en vacances. Tu préfères faire du sport, visiter des monuments, voir des amis, ne rien faire ou... ? Raconte.**

6 Production écrite • **Tu es en vacances. Écris un mail à un ami dans lequel tu racontes les activités de ta journée.**

Exemple :

Le matin, je vais sur la plage et je fais... L'après-midi, je fais des randonnées et je vois...

1 Compréhension • **Choisis la bonne réponse pour compléter les phrases.**

1. Magalie parle à un groupe

   a ☐ d'adultes.

   b ☐ de vieilles personnes.

   c ☐ de jeunes.

2. Les jeunes visitent la chambre et l'atelier de

   a ☐ François 1er.

   b ☐ Magalie.

   c ☐ Léonard de Vinci.

3. Le château d'Amboise est à

   a ☐ huit-cents mètres du Clos Lucé.

   b ☐ huit mètres du Clos Lucé.

   c ☐ huit-mille mètres du Clos Lucé.

4. Le dessin de Léonard dit

   a ☐ « C'est par ici, venez ! ».

   b ☐ « On ne passe pas ! ».

   c ☐ « Bonjour, je m'appelle Léonard ».

5. Lina ne peut pas jouer au foot, car

   a ☐ ils n'ont pas de ballon.

   b ☐ il est interdit de marcher sur les pelouses.

   c ☐ ils n'ont pas le temps.

6. Le pique-nique de Lina est dans

   a ☐ son sac à dos.

   b ☐ la cuisine de Maminou.

   c ☐ une maquette de Léonard.

7. Lina et Romain courent vite pour rejoindre

   a ☐ les deux personnes qui parlent dans la pièce à côté.

   b ☐ le groupe dans le jardin.

   c ☐ François 1er et Léonard de Vinci.

2 Personnages • Qui prononce ces phrases ? Écris le nom du personnage qui parle.

1. «Bonjour. Je suis heureuse de vous accueillir au Clos Lucé. » : ....

2. « Tu es d'accord pour découvrir le tunnel avec moi ? » : ....

3. «Je vous propose de pique-niquer ensemble. » : ....

4. «On fait un match de foot ? » : ....

5. «Je change ce soir le code pour ouvrir les portes. » : ....

6. « Atchoum !!!! » : ....

3 Lexique • Associe chaque mot à la définition correspondante.

chambre   bibliothèque   sous-sol   escalier   couloir   cuisine

1. C'est le bon endroit pour lire : ....

2. Il permet de monter ou de descendre un étage : ....

3. Il est sous le rez-de-chaussée : ....

4. Il permet d'aller dans les différentes pièces : ....

5. On prépare les repas là-bas : ....

6. On dort dans cette pièce : ....

4 Lexique • Trouve l'intrus de chaque liste de mots.

1. Atelier, bibliothèque, chambre, football. ....

2. Ballon, terrain, visite, match. ....

3. Clavier, repas, code, écran. ....

4. Chiffres, déjeuner, pique-nique, jardin. ....

5 Production orale • Choisis un monument historique de ta ville ou de ta région et fais une présentation orale.

6 Production orale • Tu es Lina. Tu éternues et la femme te découvre dans la pièce. Comment tu te sens et comment tu expliques ta présence ?

Exemple : *J'ai peur et je dis : je cherche mon sac à dos… Je cherche les toilettes… Je suis perdue…*

1 Compréhension • **Associe chaque question à la bonne réponse. Attention : une réponse n'est pas correcte. Trouve-la et corrige-la.**

1. Pourquoi Lina ne regarde pas le message de Romain pendant le diner ?
2. Qui vend un tableau de Léonard de Vinci demain ?
3. Comment Lina et Romain vont au château ?
4. Comment Lina et Romain entrent dans le parc du château ?
5. Quel est le code de la porte ?
6. Que fait le robot dans la cage en verre ?
7. Le tableau de la vente est vrai ou faux ?
8. Que font les caméras ?

a ☐ Il est faux.
b ☐ C'est 1519LDV1452.
c ☐ Elles filment les deux amis.
d ☐ C'est Madame Carla Louvet.
e ☐ Ils passent par-dessus un mur.
f ☐ Car Maminou ne veut pas.
g ☐ Ils vont à vélo.
h ☐ Il peint un tableau.

Correction : ....

Il y a

Il y a deux cages en verre dans la grande pièce.
À l'intérieur, *il y a* un écran.
Dans la deuxième cage, *il y a* un tableau sur un chevalet.
Il n'y a pas de bruit dans la maison.

- On utilise la forme **il y a** pour exprimer la présence de choses ou de personnes dans un lieu.
- On utilise **il y a** pour le singulier et le pluriel, c'est une forme invariable.
- La forme négative de *il y a* est **il n'y a pas** de (sans article).

Exemples

Forme affirmative : Il y a *un château.*   **Forme négative : Il n'y a pas** *de château.*

2 Grammaire • Utilise les éléments suivants pour former des phrases avec *il y a*.

SUJET	LIEU	PHRASE
1. une maquette	le château	*Il y a une maquette dans le château.*
2. une jeune fille	la chambre	
3. des tableaux	une cage en verre	
4. des groupes d'enfants	le jardin	
5. un téléphone	la main de Lina	
6. un article	le journal	

3 Grammaire • Mets les phrases de l'exercice 2 à la forme négative.

4 Production écrite • Tu connais le scrabble ? Il faut former des mots avec des lettres. Complète le message de Lina à sa mère avec les lettres proposées.

L E O A J O L P D O H R E E B P
I L R G F E T O T E L U X E A A

B ☐ NJ ☐ U ☐ Maman. Tout va ☐ I ☐ N.

Maminou est très G ☐ N ☐ I ☐ ☐ E. J'ai un C ☐ PAIN.

Il s'A ☐ ☐ E ☐ ☐ E Romain. Nous faisons des pique-niques dans le ☐ AR ☐ ☐ N. Il y a un ☐ OB ☐ T dans le C ☐ AT ☐ A ☐ .
Il peint des T ☐ BL ☐ ☐ UX. C'est très É ☐ R ☐ N ☐ E. Demain, il y a la V ☐ NT ☐ , mais ce tableau est ☐ AU ☐ .

5 Production orale • Tu es Lina et tu appelles une amie au téléphone. Parle-lui de tes vacances au Clos Lucé.

1 Compréhension • Dis si les affirmations suivantes sont vraies (V) ou fausses (F). Corrige à l'oral les affirmations fausses.

		V	F
1.	Lina fait de beaux rêves cette nuit.	☐	☐
2.	Lina oublie son sac à dos chez sa grand-mère.	☐	☐
3.	Aujourd'hui, Magalie apprend aux jeunes à peindre !	☐	☐
4.	Dans la vidéo, on voit Lina et Romain dans le château la nuit.	☐	☐
5.	Romain donne son téléphone.	☐	☐
6.	Les jeunes s'endorment, car ils sont très fatigués.	☐	☐
7.	Un homme va voir Maminou à 11h du matin.	☐	☐
8.	Maminou n'aime pas le jeune homme.	☐	☐
9.	Le jeune homme part avec la télévision de Maminou.	☐	☐

2 Compréhension • Mets les phrases suivantes dans l'ordre chronologique de l'histoire.

a ☐ Maminou téléphone au Clos Lucé.

b ☐ Lina et Romain sentent le mouchoir et s'endorment.

c ☐ Magalie accueille le groupe avec un grand sourire.

d ☐ Madame Louvet montre à Lina et Romain la vidéo de la nuit.

e ☐ Un jeune homme vient voir Maminou.

f ☐ Lina a du mal à dormir.

g ☐ Romain vient chercher Lina pour aller au château.

3 Lexique • Corrige les phrases suivantes : trouve dans le texte du chapitre le contraire des mots soulignés.

1. Il est autorisé d'entrer le jour dans un château.

2. Maminou souhaite une mauvaise journée aux adultes.

3. « Levez-vous », dit Madame Louvet d'une voix faible.

4. Ils doivent courir lentement dedans.

5. Le jeune homme parle bien et est mal déshabillé.

4 Lexique • Associe chaque invention de Léonard à sa description.

a ☐ C'est le premier vélo !

b ☐ Cette machine soulève des objets très lourds.

c ☐ Tu peux sauter d'un avion avec ce parachute.

5 Production écrite • Rappelle-toi du chapitre 3 et complète avec les mots ci-dessous le texte suivant : il décrit les images de la vidéo.

photos   écureuil   code   jardin   cages   fille   visage   vidéo   mur

Deux personnes passent par-dessus le (**1**) .... du château. Elles ont un bas sur le (**2**) ...., mais on reconnait un garçon et une (**3**) .... Ils avancent dans le (**4**) .... et un (**5**) .... passe devant eux. Ils tapent le (**6**) .... secret et ouvrent une porte. Ils vont dans la salle avec les (**7**) .... en verre. Ils font des (**8**) .... et une (**9**) .... Ils quittent ensuite le château.

6 Production orale • Imagine comment continue l'histoire si...

1. ... Lina et Romain se réveillent dans une cage de verre avec le robot.

2. ... Lina et Romain se réveillent dans le jardin dans la nuit.

1 Compréhension • Associe chaque début de phrase à la fin correcte.

1. Lina ouvre les yeux et

2. Romain s'approche d'un morceau de fer et

3. Lina se précipite sur la porte,

4. Dans un carton, Romain trouve

5. Ils bougent un meuble qui est

6. La cheminée est grande,

7. Ils tournent les pierres

8. Derrière la cheminée,

9. Ils sont peut-être

a ☐ il frotte la corde dessus.

b ☐ on peut rester dedans.

c ☐ dans le passage secret de François Ier et Léonard !

d ☐ il y a un passage.

e ☐ elle tape dessus et crie.

f ☐ devant une cheminée.

g ☐ pour les mettre dans la bonne position.

h ☐ une torche.

i ☐ essaye de bouger les mains, mais ne peut pas.

2 Compréhension • Souligne l'option correcte dans chaque phrase.

1. Lina et Romain sont dans une pièce avec une *petite / grande* fenêtre.

2. Il y a beaucoup de *vieilles / nouvelles* choses dans la pièce.

3. Lina a peur, elle se met à *pleurer / rire*.

4. Pour trouver de dessin de *L'Homme de Vitruve*, ils font un *puzzle / Scrabble*.

5. Romain éclaire le tunnel avec la *corde / torche*.

6. *Le tunnel / La cheminée* va peut-être du Clos Lucé au château d'Amboise.

3 Compréhension écrite • **Lis le texte sur *L'Homme de Vitruve*, puis réponds aux questions.**

L'Homme de Vitruve est un dessin de Léonard de Vinci réalisé vers 1490. C'est le dessin d'un homme avec quatre bras et quatre jambes. L'homme tient dans un cercle et un carré. Le centre du cercle est le nombril de l'homme. Ce dessin reprend les idées de Vitruve sur les mesures du corps de l'homme. Vitruve est un architecte et ingénieur romain né vers 90 av. J.-C. et mort vers 20 av. J.-C. Sous le dessin, un texte de Léonard de Vinci explique ces mesures. Par exemple : « La longueur des bras ouverts de l'homme est égale à la taille de l'homme ».
Le dessin original est aujourd'hui dans un musée à Venise en Italie.

2

1. En quelle année Léonard de Vinci dessine *L'Homme de Vitruve* ?
2. Vitruve est le nom d'une ville ou d'un homme ?
3. Qu'y a-t-il sous le dessin ?
4. Où est le dessin original aujourd'hui ?

4 Production orale • **Imagine le dialogue entre Lina et Romain : Lina veut rester dans la pièce et Romain veut partir par le tunnel. Trouve des arguments pour les deux possibilités.**

1 Compréhension • **Réponds aux questions suivantes.**

1. Pourquoi Lina attrape le bras de Romain au début du chapitre ?

....

....

2. Qui passe en premier sur le morceau de bois ?

....

....

3. Qu'est-ce qui arrive à la planche après le passage de Lina ?

....

....

4. Pourquoi Romain est heureux de tenir la main de Lina ?

....

....

5. Pourquoi Lina appelle Romain « Monsieur-je-sais-tout » ?

....

....

6. Pourquoi Lina dit « Tu ne fais pas assez de sport » ?

....

....

2 Lexique • **Complète avec les mots ci-dessous les phrases suivantes.**

> piles   ailes   fourmi   inventeur   planche   sable

1. Romain et Lina marchent sur la .... pour passer au-dessus du trou.

2. Léonard est un .... car il trouve de nouvelles machines.

3. Les .... de la torche sont vides : la torche n'éclaire pas.

4. Un oiseau vole grâce à ses ....

5. Sur la plage, Lina aime s'allonger sur le ....

6. Pour avancer dans le petit trou, Lina doit faire comme la ....

L'impératif

Regarde devant toi !   *Tournons* la manivelle.   *Essayons* quand même.

• L'impératif sert à donner un **ordre**, un **conseil** ou une **proposition**.
• Il se forme à partir du **présent de l'indicatif**. Il ne comporte **pas de pronom personnel sujet**.
• Il existe pour la deuxième personne du singulier (**tu**) et les première (**nous**) et deuxième (**vous**) personnes du pluriel.

Exemples

	2ème personne du singulier	1ère personne du pluriel	2ème personne du pluriel
Regarder (1er groupe)	*Regarde !*	*Regardons !*	*Regardez !*
Finir (2er groupe)	*Finis !*	*Finissons !*	*Finissez !*
Prendre (3er groupe)	*Prends !*	*Prenons !*	*Prenez !*

3 Grammaire • **Transforme les phrases suivantes à l'impératif.**

Exemple :

Tu vas chez ta grand-mère.   →   *Va chez ta grand-mère !*

1. Nous quittons la petite pièce.   →   ....

2. Vous prenez le premier tunnel.   →   ....

3. Tu tournes la manivelle.   →   ....

4. Tu suis ton amie.   →   ....

5. Nous enlevons le sable.   →   ....

4 Production écrite • **Remets les parties de la question dans le bon ordre, puis réponds.**

pour voler ? / invention / Lina et Romain / de Léonard / Quelle / utilisent

Question : ....

Réponse : ....

5 Production orale • **Imagine d'être Lina et puis Romain. Raconte ton moment préféré du chapitre 6.**

1 Compréhension • Choisis la bonne réponse.

1. Que trouvent Lina et Romain dans la grande salle ?

   a ☐ Deux robots.

   b ☐ Des tableaux et des dessins de Léonard de Vinci.

   c ☐ Un chien méchant.

2. Quel mot ouvre la grande porte en bois ?

   a ☐ Joconde.

   b ☐ *Gioconda*.

   c ☐ Italie.

3. Qui est Musclor ?

   a ☐ Le robot qui peint le tableau.

   b ☐ Le gardien du château d'Amboise.

   c ☐ Le chien du gardien du château.

4. Quel est le moment le plus important de la vente ?

   a ☐ La vente du tableau *Il Magnifico*.

   b ☐ Le discours de Madame Louvet.

   c ☐ La vente de la *Joconde*.

5. Avec qui parlent les personnes au téléphone pendant la vente ?

   a ☐ Avec Maminou.

   b ☐ Avec des clients du monde entier.

   c ☐ Avec Madame Louvet.

6. Que dit Lina au commissaire-priseur ?

   a ☐ « Le tableau est faux ! ».

   b ☐ « Le tableau est beau ! ».

   c ☐ « Le tableau est gros ! ».

7. Quel est le prix du tableau *Il Magnifico* ?

   a ☐ Environ trois-cents euros.

   b ☐ Environ trois euros.

   c ☐ Environ trois-cents millions d'euros.

8. Avec quoi Lina déchire le tableau ?

   a ☐ Un pinceau.

   b ☐ Une torche.

   c ☐ Un stylo.

2 Personnages • Écris le nom du personnage qui parle, puis retrouve la phrase dans le chapitre. Attention, une phrase n'est pas dans le texte : laquelle ?

> Romain   le commissaire-priseur   Madame Louvet
> Lina   le gardien du château d'Amboise

1. « Musclor, STOP ! »
C'est ....

2. « On aime bien visiter les jardins la nuit. »
C'est ....

3. « Nous arrivons au clou de la soirée : le tableau *Il Magnifico* ! »
C'est ....

4. « Ne bougez pas ou je transperce le tableau. »
C'est ....

5. « Il vaut plus de trois-cents millions. Tu peux le rembourser ? »
C'est ....

6. « Je suis le peintre de ce tableau, mon nom est Léonard de Vinci. »
C'est ....

3 Lexique • Complète avec les mots ci-dessous l'article d'un journaliste présent à la vente.

> catastrophe   téléphone   stylo   Madame Louvet
> vente   millions   faux   policiers

Le commissaire-priseur annonce la (**1**) .... du tableau *Il Magnifico*. Les personnes applaudissent. Le premier prix est de cinquante (**2**) .... d'euros. Des personnes sont au (**3**) .... avec des acheteurs du monde entier. Puis, une jeune fille crie : « C'est un (**4**) .... ». Elle et un garçon courent vers le tableau. Les (**5**) .... veulent les arrêter, mais la fille crie : « Stop, ou je transperce le tableau ». Alors (**6**) .... dit : « Tu peux le déchirer si c'est un faux ». La jeune fille hésite, puis elle déchire le tableau avec un (**7**) .... C'est une (**8**) .... !

4 Production écrite • Tu es un journaliste. Écris ton article sur la vente du tableau *Il Magnifico*. Aide-toi avec le texte de l'exercice 3.

1 Compréhension • Dis si les affirmations suivantes sont vraies (V) ou fausses (F). Corrige à l'oral les affirmations fausses.

		V	F
1.	Romain ouvre la porte avec le code 1452LDV1519.	☐	☐
2.	La grande salle est vide, le robot n'est plus là.	☐	☐
3.	Une vieille dame crie : « Laissez-moi passer ! ». C'est Maminou.	☐	☐
4.	Maminou apporte le téléphone de Lina.	☐	☐
5.	Madame Louvet veut partir car elle a faim.	☐	☐
6.	Le commissaire regarde la vidéo et croit à l'histoire de Lina et Romain.	☐	☐
7.	Lina, Romain et sa maman sont chez Maminou à 23h.	☐	☐
8.	Maminou prépare des crêpes, mais les jeunes n'ont pas faim.	☐	☐
9.	Maminou propose à Lina de faire un stage de football.	☐	☐
10.	Romain aussi veut faire le stage de football.	☐	☐

2 Compréhension • Mets les phrases suivantes dans l'ordre chronologique de l'histoire. Attention : une phrase ne fait pas partie du chapitre 8.

a ☐ Lina et Romain mangent des crêpes chez Maminou.

b ☐ Maminou raconte toute sa journée.

c ☐ Madame Louvet court vers l'escalier.

d ☐ Romain tape dans sa serviette avec son pied : il sait jouer au football !

e ☐ Le commissaire regarde la vidéo sur le téléphone de Lina.

f ☐ Madame Louvet ouvre la porte avec le code JhT&/$B7K2#%.

3 Lexique • Corrige les phrases suivantes : trouve dans le texte du chapitre le contraire des mots soulignés.

1. Une heure plus tard, le château est bruyant.

2. Le policier tape le code, mais la porte reste ouverte.

3. Ce matin, un vieil homme vient me voir à la maison.

4. Madame Louvet va rapidement vers la l'escalier.

5. Vous avez le droit de vous reposer après votre courte journée.

4 Lexique • Complète les phrases et la grille de mots croisés avec les mots du chapitre, puis découvre le mot mystère.

1. Pour Maminou, les jeunes ont beaucoup d'............................ pour inventer leur histoire.

2. La grande salle est vide : il n'y a plus de cages en verre, plus d'............................, plus de robot !

3. Maminou regarde dans le téléphone de Lina : elle est ....

4. Au téléphone, la police dit à Maminou de ne pas s'............................ .

5. Le commissaire dit aux jeunes de se reposer après leur longue ....

6. Le policier tape le code de Romain, mais la .... est rouge.

Mot mystère : ....

5 **Production écrite •** Tu es Lina. Écris un message à tes parents pour leur annoncer ton prochain stage de football.

6 **Production orale •** Tu es Romain ou Lina. Raconte au commissaire ta découverte !

ÉCOUTES EN PLUS

piste 10

1 Écoute l'enregistrement, puis choisis la bonne réponse.

1. Qui parle ?

a ☐ b ☐ c ☐

2. Où est-il en ce moment ?

a ☐ b ☐ c ☐

3. Quelle est son activité préférée ?

a ☐ b ☐ c ☐

4. Que veut-il devenir plus tard ?

a ☐ b ☐ c ☐

2 Écoute l'enregistrement, puis choisis la bonne réponse.

1. Où se passe l'enregistrement ?

   a ☐ Dans un château.

   b ☐ Dans un musée.

   c ☐ Sur un terrain de football.

2. Qui est Victor ?

   a ☐ Un roi.

   b ☐ Le guide du château.

   c ☐ Un enfant qui visite le château.

3. Combien d'enfants il y a dans le groupe ?

   a ☐ Cinq.

   b ☐ Quinze.

   c ☐ Vingt.

4. Où sont-ils en ce moment ?

   a ☐ Dans le jardin.

   b ☐ Dans la bibliothèque du château.

   c ☐ Dans le sous-sol du château.

5. Par quoi commence la visite ?

   a ☐ Par la visite d'un tunnel secret.

   b ☐ Par la visite du jardin.

   c ☐ Par la visite de l'atelier de travail.

6. Quel tunnel prend Victor ?

   a ☐ Le tunnel de droite.

   b ☐ Le tunnel de gauche.

   c ☐ Les deux tunnels.

7. Que se passe-t-il avec le tunnel de gauche ?

   a ☐ Il n'existe pas.

   b ☐ Il est fermé.

   c ☐ Il est interdit.

Le Clos Lucé

Le château du Clos Lucé est situé à Amboise, dans la région du Val de Loire, au sud-ouest de Paris. Au XVème siècle, c'est la maison d'été des rois de France. Aujourd'hui, il appartient à une famille privée. C'est un musée qui permet de découvrir l'œuvre et la vie de Léonard de Vinci. Surfe sur le web pour découvrir plus d'informations sur ce château.

Dis si les affirmations suivantes sont vraies (V) ou fausses (F).

V   F

1. L'adresse du château est 2 rue de Léonard de Vinci, Amboise.
2. Il est ouvert toute l'année sauf le 1er janvier et le 25 décembre.
3. L'entrée est gratuite pour les jeunes de moins de 18 ans.
4. Le site officiel du château propose des informations sur la vie de Léonard de Vinci.
5. Étienne le Loup construit le château en 1471.
6. Un restaurant du château s'appelle « L'Omelette de Léonard ».

La prophétie d'Amboise

L'été, plusieurs fois par semaine, les jardins du château d'Amboise deviennent un théâtre. Des centaines d'acteurs racontent l'histoire du château et de François 1er. Surfe sur le web pour découvrir plus d'informations sur cette initiative.

Choisis la bonne réponse.

1. *La prophétie d'Amboise* est le nom
   a ☐ d'un film. b ☐ d'un spectacle.

2. Le spectacle se joue
   a ☐ la nuit après 22h. b ☐ l'après-midi.

3. Le compositeur et metteur en scène du spectacle s'appelle
   a ☐ Damien Fontaine. b ☐ François Vinci.

4. Le spectacle dure
   a ☐ 1h15 environ. b ☐ 3h environ.

5. Un billet adulte coûte
   a ☐ moins de dix euros. b ☐ plus de dix euros.

6. Il est possible de réserver des billets par téléphone.
   a ☐ C'est faux. b ☐ C'est vrai.

1 Compréhension écrite • Regarde l'affiche, puis choisis la bonne réponse.

> ## COURS DE DESSIN
> ### AVEC PIERRE PINCEAU
> J'organise des cours de dessin pendant les vacances.
>
> Ils ont lieu chez moi les lundi, mercredi et vendredi de 13h à 17h.
>
> Lundi : apprendre à dessiner la nature.
> Mercredi : réaliser une bande dessinée.
> Vendredi : savoir dessiner avec un ordinateur.
>
> Inscription sur mon site www.jedessine.fr ou au 06 05 04 01

1. Que propose cette affiche ?

a ☐ Des cours de dessin.

b ☐ Des cours d'informatique.

c ☐ Des cours de sport.

2. Où ont lieu les cours ?

a ☐ À l'école.

b ☐ Chez Pierre Pinceau.

c ☐ Dans une salle de la ville.

3. Quand ont lieu les cours ?

a ☐ Toute la journée.

b ☐ Le matin.

c ☐ L'après-midi.

4. Comment peut-on s'inscrire ?

a ☐ Seulement par téléphone.

b ☐ Seulement sur Internet.

c ☐ Par téléphone ou sur Internet.

2 Compréhension écrite • À ton avis, ces trois adolescents vont aller au cours de dessin ? Si oui, quel jour ?

1. Je fais de la musique et du sport. Je veux apprendre quelque chose de nouveau pendant les vacances. Dessiner ? Mais je n'aime pas dessiner avec un stylo ou un pinceau. C'est très difficile. Ah, j'ai une idée : je veux apprendre à dessiner avec un ordinateur.

Oui ☐ **Non** ☐ **Jour :** ....

2. J'adore lire des livres. J'adore regarder des dessins. Plus tard, je veux être auteur ou dessinateur. J'ai déjà une idée pour l'histoire et je dessine très bien. Comment choisir : auteur ou dessinateur ? Ah, je sais : je fais des bandes dessinées. Mais avant, je dois apprendre !

Oui ☐ **Non** ☐ **Jour :** ....

3. C'est les vacances ! Le lundi et le mercredi, je fais du sport. Le mardi, je vois des amis. Le jeudi, je fais de la musique. Le samedi et le dimanche, je suis avec ma famille. Et je fais quoi le vendredi ? Je reste chez moi et je ne fais rien ! Super !

Oui ☐ **Non** ☐ **Jour :** ....

3 Compréhension écrite • Sur le site de Pierre Pinceau tu trouves ce texte. Lis-le, puis dis si les affirmations sont vraies (V) ou fausses (F).

Pour dessiner la nature, Pierre Pinceau vous accompagne dans la forêt. Elle est à cinq minutes à pied de chez lui. Il vous apprend en premier à observer la nature dans le calme. Il y a aussi souvent des animaux. Il vous donne après des conseils pour dessiner. Ensuite, c'est à vous !
Vous devez apporter avec vous des crayons et un bloc de feuilles de papier. N'oubliez pas un manteau de pluie en cas de mauvais temps !

		V	F
1.	Les cours sont dans la forêt.	☐	☐
2.	Il faut une voiture pour aller dans la forêt.	☐	☐
3.	En premier, Pierre Pinceau donne des conseils.	☐	☐
4.	Il y a aussi des animaux dans la forêt.	☐	☐
5.	Pierre Pinceau donne les crayons et les papiers.	☐	☐

4 Compréhension écrite • Que faut-il prendre s'il pleut ?

a ☐   b ☐   c ☐

5 Production écrite • Tu veux faire le cours de dessin pour apprendre à dessiner la nature. Tu visites le site Internet de Pierre Pinceau et trouves une fiche d'inscription Complète la fiche.

Nom : ....
Prénom : ....
Âge : ....
Adresse : ....
Jour : ....
Votre niveau de dessin : ....

6 Production orale • Tu téléphones à un ami pour lui raconter ton inscription au cours de dessin. Explique-lui quel jour est le cours, où il a lieu, les choses à apporter. Dis-lui de venir avec toi.

7 Compréhension écrite • Lis les trois annonces suivantes, puis réponds aux questions.

1. Nathalie (22 ans), étudiante en musique, donne des cours de piano pour les enfants entre 5 et 10 ans. 10 euros de l'heure. Cours possible à partir de 16h30.

2. Je vends un piano en très bon état (année 2010). Prix à voir ensemble. Appelez Éric au 06 06 04 03 (entre 18h et 22h).

3. Je cherche un professeur de piano pour mon fils Ludo (9 ans). Cours chez le professeur (pas de piano à la maison).
Merci de m'envoyer un mail à juliette.mosar@francenet.fr.

1. Tu veux acheter un piano. Qui appelles-tu ?
2. Ton père veut apprendre le piano. Tu lui donnes le numéro de Nathalie ?
3. Ludo a-t-il un piano chez lui ?
4. Combien coûte l'heure de piano avec Nathalie ?
5. Peux-tu appeler Éric à 20 h ?
6. Qui cherche un professeur pour son fils ?

8 Compréhension orale • **Tu appelles Éric, mais tu entends un message très drôle. Écoute-le, puis dis si les affirmations sont vraies (V) ou fausses (F).**

piste 12

	V	F
1. Éric n'a plus le piano.	☐	☐
2. Il vend maintenant une guitare.	☐	☐
3. Éric joue un morceau de jazz.	☐	☐
4. Le nouvel instrument coûte cent euros.	☐	☐
5. Tu peux laisser ton numéro de téléphone.	☐	☐

9 Production écrite • **Tu es Tom et le mois prochain tu vas en France chez des amis de tes parents. Ils t'écrivent le mail ci-dessous. Lis-le, puis réponds à leurs questions après les avoir remerciés (60 à 80 mots).**

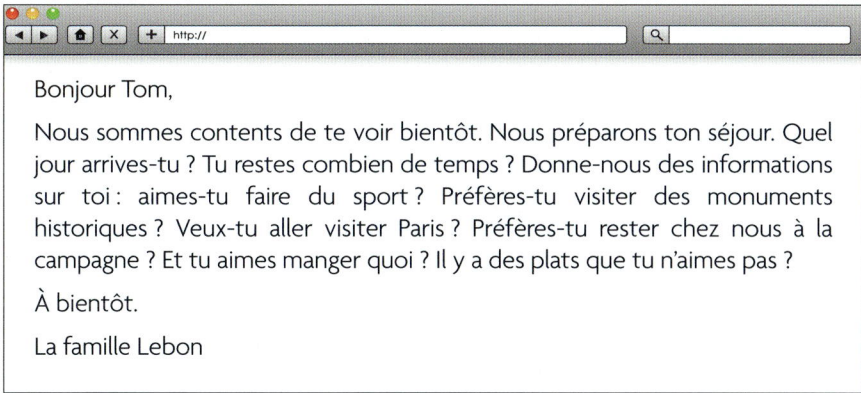

Bonjour Tom,

Nous sommes contents de te voir bientôt. Nous préparons ton séjour. Quel jour arrives-tu ? Tu restes combien de temps ? Donne-nous des informations sur toi : aimes-tu faire du sport ? Préfères-tu visiter des monuments historiques ? Veux-tu aller visiter Paris ? Préfères-tu rester chez nous à la campagne ? Et tu aimes manger quoi ? Il y a des plats que tu n'aimes pas ?

À bientôt.

La famille Lebon

1 Sommaire en image • Remets les dessins dans l'ordre chronologique de l'histoire.

a ☐

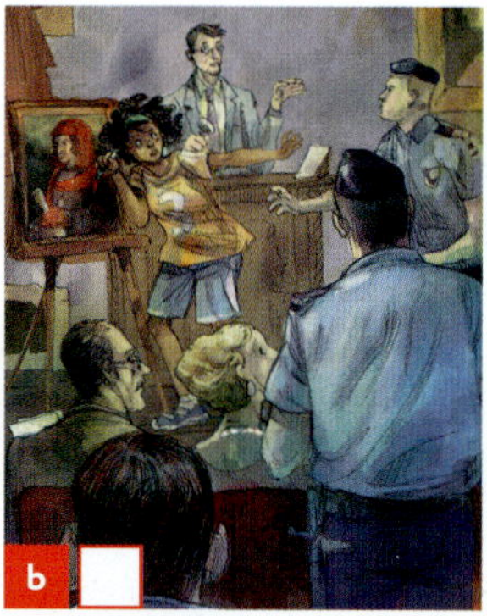

b ☐

c ☐

d ☐

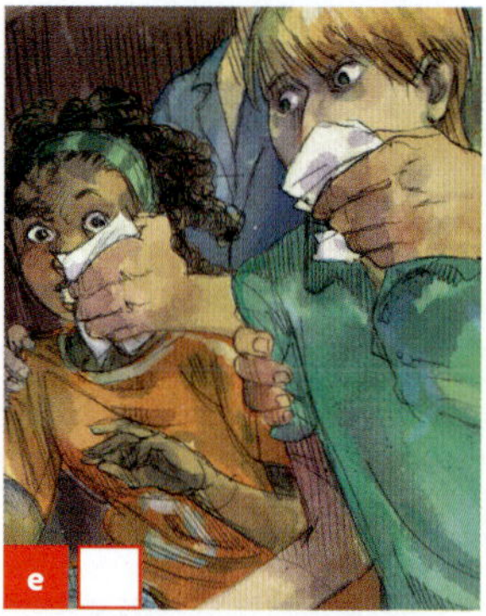

e ☐

f ☐

g ☐

h ☐

i ☐

2 Teste ta mémoire ! • Choisis la bonne réponse.

1. Au Clos Lucé, Romain veut découvrir un *tunnel / château* secret.

2. Lina oublie son *maillot de foot / sac à dos* à côté des maquettes.

3. Dans la cage en verre, il y a *Léonard de Vinci / un robot*.

4. Lina et Romain respirent *un mouchoir / une fleur* et s'endorment.

5. Romain éclaire le passage avec une *bougie / torche*.

6. Romain est heureux : il tient la main *d'une fille / d'un écureuil*.

7. Lina transperce le tableau avec un *couteau / stylo*.

8. Romain sait jouer au foot : il tape dans *son téléphone / sa serviette*.

3 Personnages • Écris le nom du personnage qui réalise ces actions.

1. Elle offre une robe à Lina : ....

2. Elle transperce le tableau avec un stylo : ....

3. Elle apporte le téléphone de Lina au policier : ....

4. Elle montre à Lina et Romain une vidéo du château la nuit : ....

5. Il tape le code 1452LDV519 et la porte s'ouvre : ....

6. Elle retient Romain qui va tomber dans un trou : ....

4 Avant ou après ? • Classe les scènes dans l'ordre chronologique de l'histoire.

a ☐ Il y a l'entrée d'un tunnel derrière une cheminée.

b ☐ « Atchoum ! ». Les deux amis sortent en vitesse du château.

c ☐ C'est la vente du faux tableau.

d ☐ Ce sont Lina et Romain sur la vidéo !

e ☐ Maminou propose à Lina de faire un stage de football.

f ☐ Il trouvent la sortie du tunnel !

g ☐ Un robot peint un tableau dans une cage en verre.

h ☐ Lina change sa robe et met un bermuda et un T-shirt.

5 Chapitres • **Écris une action qui se passe dans chaque chapitre.**

1. **En vacances chez Maminou** :
   ....

2. **La porte ouverte** :
   ....

3. **Un robot peintre** :
   ....

4. **La vidéo** :
   ....

5. **La fuite** :
   ....

6. **Le tunnel** :
   ....

7. **Un coup de stylo** :
   ....

8. **La vérité** :
   ....

6 Lexique • **Complète le résumé de l'histoire avec les mots ci-dessous.**

> tableau   nuit   Léonard de Vinci   vacances   débarras   faux   vidéo

Lina est en (**1**) .... chez sa grand-mère. Elle découvre la vie de (**2**) .... au Clos Lucé. Mais Romain veut découvrir un tunnel secret. Une (**3**) ...., ils entrent dans une pièce : un robot peint un (**4**) .... dans une cage en verre. Mais Madame Louvet les enferme dans un (**5**) .... Ils réussissent à s'enfuir par le tunnel secret de François 1er. Lina transperce le (**6**) .... tableau avec un stylo. Le commissaire arrête Madame Louvet grâce à une (**7**) .... du téléphone de Lina.

7 Personnages • **Trouve l'intrus dans chaque liste.**

1. Maminou :

    a ☐ elle habite à Amboise.   **b** ☐ elle offre une robe.

    c ☐ elle peint des tableaux.   **d** ☐ elle aime les robes à fleurs.

2. Romain :

    a ☐ il est premier de la classe.   **b** ☐ il a peur des tunnels.

    c ☐ il aime le foot.   **d** ☐ il connait déjà le Clos Lucé.

3. Lina :

    a ☐ elle est la sœur de Romain.   **b** ☐ elle joue au foot.

    c ☐ elle n'aime pas les robes.   **d** ☐ elle n'aime pas les musées.

4. Madame Louvet :

    a ☐ elle change le code des portes.   **b** ☐ elle fait peindre un robot.

    c ☐ elle achète *Il Magnifico*.   **d** ☐ elle veut échapper.

8 Mots mêlés • **Cherche dans la grille les mots de l'histoire à l'aide des définitions.**

1. C'est la maison d'un roi.

2. C'est un passage sous la terre.

3. Il est l'œuvre d'un peintre.

4. Elle permet d'éclairer la nuit.

5. C'est une reproduction en petit d'une chose qui existe en grand.

6. On le prend pour monter ou descendre dans une maison.

7. C'est, par exemple, l'ornithoptère de Léonard de Vinci.

8. C'est une suite secrète de chiffres et de lettres.

X	C	H	Â	T	E	A	U	G	M
W	A	M	P	L	T	O	V	D	A
G	T	A	B	L	E	A	U	Q	Q
T	R	C	U	N	E	B	O	L	U
U	V	H	T	O	R	C	H	E	E
N	B	I	Q	S	Z	X	B	M	T
N	F	N	C	O	D	E	P	I	T
E	L	E	S	R	V	V	A	Y	E
L	E	S	C	A	L	I	E	R	W

PERSONNAGES

1 Utilise les mots ou les expressions proposés pour décrire les personnages.

....
....
....

....
....
....

....
....
....

bon élève • ami(e) •
aventurier/aventurière •
prêt(e) à tout •
sûr(e) de lui •
sportif/sportive •
curieux/curieuse •
courageux/courageuse •
méchant(e) •
enthousiaste •
prudent(e) •
Monsieur-je-sais-tout

RÉFLEXION

2 Quels sentiments et valeurs sont présents dans les différents chapitres ? Parmi les mots ci-dessous, choisis le sentiment ou la valeur pour chaque chapitre.

Chapitre 1 : Lina doit mettre la robe de Maminou. → ....

Chapitre 2 : Romain pousse la porte et entre dans la petite pièce. → ....

Chapitre 3 : Romain et Lina réussissent à entrer dans la pièce. → ....

Chapitre 4 : Lina est dans la salle de la vidéo avec Madame Louvet. → ....

Chapitre 5 : Romain veut prendre le tunnel et dit « Vite ! ». → ....

Chapitre 6 : Romain et Lina se tiennent la main. → ....

Chapitre 7 : Lina hésite : peut-elle transpercer le tableau ? → ....

Chapitre 8 : Lina et Romain découvrent la pièce vide. → ....

L'HISTOIRE

3 Observe les mots relatifs aux sentiments et aux idées présents dans la bulle. Classe-les en valeurs positives et valeurs négatives. Certains mots classés comme positifs peuvent-ils avoir leur faiblesse ? Certains mots classés négatifs ont-ils parfois une force ? Parles-en avec tes camarades !

inquiétude

déception

curiosité

peur

prudence

compréhension

fierté

encouragement

timidité

amitié

courage

reconnaissance

inconscience

inventivité

POSITIF	NÉGATIF
....	....
....	....
....	....
....	....

 À TOI !

4 À toi de jouer ! Choisis dans la bulle de l'activité précédente des mots qui correspondent à ton caractère. Écris-les selon l'ordre d'importance qu'ils ont pour toi, puis compare ta bulle avec celle de tes camarades. Discutez des différences et des similitudes.

Les structures grammaticales employées dans les lectures graduées sont adaptées à chaque niveau de difficulté. Tu peux trouver sur notre site Internet, blackcat-cideb.com, la liste complète des structures utilisées dans la collection. L'objectif est de permettre au lecteur une approche progressive de la langue étrangère, un maniement plus sûr du lexique et des structures grâce à une lecture guidée et à des exercices qui reprennent les points de grammaire essentiels.

Cette collection de lectures se base sur des standards lexicaux et grammaticaux reconnus au niveau international.

Niveau Un A1

Adjectifs cardinaux, démonstratifs, interrogatifs, possessifs
Adverbes de quantité ou d'intensité, de temps
Articles définis, indéfinis, partitifs
C'est / Il est
Complément du nom avec *de*
Féminin
Forme interrogative simple
Il y a
Impératif

Indicatif : présent
Négation simple
Pluriel
Préposition *à*, *en*, *au*
Pronoms personnels interrogatifs simples, sujets, toniques

Niveau Un
Si tu as aimé cette lecture, tu peux essayer aussi...

- *Fables*, de Jean de La Fontaine **(Compétences de la vie)**
- *La momie du Louvre*, de Régine Boutégège et Susanna Longo
- *Lancelot*, de Chrétien de Troyes

Niveau Deux
...ou tu peux choisir un titre du niveau suivant !

- *Plus jamais ça !*, de Nicolas Gerrier **(Compétences de la vie)**
- *Selma de connecte*, de Régine Boutégège
- *Le sabre de Napoléon*, de Nicolas Gerrier